AF264141

NOTICE

SUR

M. L'ABBÉ POULAIN

CHANOINE TITULAIRE DE LA MÉTROPOLE

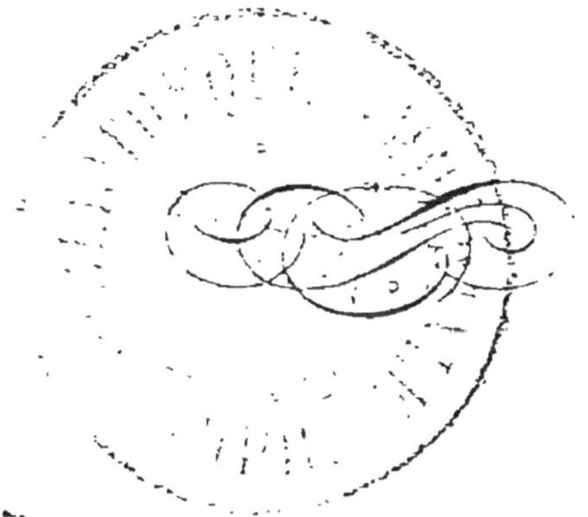

ROUEN

FLEURY, LIBRAIRE

DE S. ÉM. MONSEIGNEUR LE CARDINAL-ARCHEVÊQUE

Place Saint-Ouen, 23

1865

NOTICE

SUR

M. L'ABBÉ POULAIN,

CHANOINE TITULAIRE DE LA MÉTROPOLE.

Le 12 janvier 1865, le diocèse de Rouen, tant éprouvé depuis quelques années, faisait une nouvelle perte : M. l'abbé Poulain, ancien curé-doyen de Caudebec, de Saint-Jean d'Elbeuf, de Saint-Jacques de Dieppe, chanoine titulaire de l'église métropolitaine, et grand pénitencier du diocèse, terminait, après quelques jours de maladie, sa belle carrière sacerdotale.

M. Adrien-Alfred Poulain naquit à Préaux, dans le canton de Darnétal, le 1er août 1801. Il fit ses études à Rouen, résidence ordinaire de ses parents, d'abord chez M. Baudin, puis chez M. Duval ; enfin il termina ses humanités au lycée (alors collége royal), dont il suivait les cours comme externe libre. Les qualités naturelles du jeune homme, la position sociale de sa famille, lui ouvraient une carrière honorable dans le monde. Dieu lui réservait encore mieux. Le jeune Adrien, qui voyait déjà son frère aîné au nombre des lévites, suivit la même vocation, et, en octobre 1819, il entrait au grand-séminaire de Rouen.

Il y passa trois années sous la discipline du vénérable M. Holley, et s'y forma à l'esprit ecclésiastique, dont il fut lui-même, toute sa vie, un remarquable modèle. En 1822, il fut envoyé au petit-séminaire du Mont-aux-Malades, tout nouvellement créé. Il y entra avec M. Couillard, de pieuse mémoire, et fut un des premiers et des plus dévoués collaborateurs, comme un des plus fidèles amis du saint prêtre, qui, pendant 25 ans, dirigea cette pépinière devenue bientôt féconde. L'abbé Poulain n'avait pas encore atteint l'âge du sacerdoce ; M. Holley, appréciant sa maturité précoce, songea à le faire ordonner à l'âge de 22 ans, et obtint même de Rome la dispense nécessaire. Cependant, soit craintive humilité de la part du jeune diacre, soit quelque autre circonstance que nous ignorons, la chose n'eut pas lieu, et l'abbé Poulain fut ordonné en 1824, n'ayant, du reste, que 23 ans accomplis.

Pendant son séjour au petit-séminaire, l'abbé Poulain dirigea principalement la classe d'humanités ; étant presque toujours le seul prêtre entre les jeunes professeurs de la maison naissante, il fut aussi à peu près le seul à partager, avec le supérieur, le ministère spirituel parmi les élèves. Plus tard, quand M. Couillard fut chargé, pendant quelque temps, de l'administration de la paroisse, M. Poulain remplit les fonctions de vicaire ; il se trouvait ainsi naturellement désigné au choix qui, en 1831, le plaça à la tête de cette succursale. Il entrait donc désormais dans cette vie de curé vers laquelle le portaient toutes ses aptitudes, et qui devait être si méritoire pour lui, si fructueuse pour les autres.

Les dix années qu'il passa dans la paroisse du Mont-aux-Malades eurent toutes le même caractère de régularité uniforme ; elles ne révélèrent pas tout ce dont il était capable ; le cercle restreint de son ministère et la situation spéciale de la paroisse ne le permettaient pas. Mais les vertus, les qualités solides de M. Poulain le signalaient à l'autorité comme digne de remplir des postes plus importants ; aussi sa nomination à la cure de Caudebec-en-Caux, en 1841, ne surprit personne ; le nouveau doyen accomplissait sa quarantième année.

En quittant la paroisse et la maison du Mont-aux-Malades, il leur laissa une dernière et impérissable preuve de son affection ; il avait acheté de ses deniers la maison qui sert de presbytère, et une autre pour servir d'école aux jeunes filles. Il fit don de ces deux immeubles au petit-séminaire, à charge de conserver gratuitement à l'école des filles sa destination primitive. Telle fut la première marque de cette générosité qui ne fit que grandir en lui avec les circonstances.

La ville de Caudebec n'eut qu'à s'applaudir de son nouveau curé, comme le canton, de son nouveau doyen ; en lui le prêtre était depuis longtemps formé et connu ; un théâtre plus large permit d'apprécier mieux le curé et l'administrateur. Son ministère spirituel fut moins remarquable par le nombre des retours au bien que par le progrès des âmes vers le mieux : l'esprit de piété reçut un développement sensible dont les effets ont été solides et durables.

La belle église de Caudebec fut le premier et constant objet de la sollicitude de M. Poulain ; souvent il combla de sa bourse l'insuffisance des ressources de la fabrique, et contribua, seul ou presque seul, à divers travaux d'amélioration intérieure. Parmi les travaux qui marquèrent son passage, nous pouvons louer sans réserve la restauration de la chapelle du Sépulcre, de cinq belles verrières placées au bas de l'église, les boiseries de la sacristie des chantres, et du tambour placé à la porte septentrionale.

L'œuvre capitale de M. Poulain à Caudebec fut l'établissement des Frères des Écoles chrétiennes :

désireux d'assurer l'avenir de la paroisse, en préparant plus chrétiennement les jeunes générations, il conçut bientôt ce projet qu'il médita et prépara avec l'intelligence, l'activité calme et patiente qu'il apportait dans ses entreprises. Là encore, malgré le concours des paroissiens, et surtout d'un donateur anonyme, la plus lourde part de sacrifices retomba sur le zélé pasteur. Enfin s'éleva un édifice très-convenable, bien disposé, avec des dépendances fort agréables, et suffisant pour toute la population écolière de la ville. On était alors en 1848; le curé eut la consolation d'installer après Pâques les nouveaux instituteurs, et à la première distribution des prix qui suivit, dans une allocution pleine d'à-propos, il commenta, en l'appliquant à l'institution naissante, une devise fameuse et fort préconisée alors : Liberté, Egalité, Fraternité.

La révolution de 48 avait brusquement dérangé les combinaisons du curé pour remplacer l'ancienne école par la nouvelle sans froissements et sans rivalités; l'établissement des Frères était encore à sa charge, quand son changement vint le surprendre; il continua de le soutenir avec le concours de divers souscripteurs, jusqu'au moment où un contrat passé entre lui et la ville vint assurer la perpétuité de l'œuvre. M. Poulain fit don de l'immeuble, qui avait coûté plus de 30,000 fr., et il versa en outre, de ses deniers, une somme de 12,000 fr. destinée à contribuer au traitement des instituteurs, et à alléger les charges de la ville, qui devait désormais soutenir l'établissement devenu communal.

Nous avons parlé du changement de M. Poulain. Avec l'année 1848, se termina pour la paroisse de Caudebec son administration, courte, mais précieuse. Des regrets aussi profonds que légitimes accompagnèrent son départ; lui, de son côté, ma-

nifesta des sentiments analogues. « Je me croyais,
écrivait-il, uni à Caudebec par des liens indisso-
lubles, et je succomberai sous la charge nouvelle
qui m'est imposée. » L'avenir prouva la sincérité de
son cœur et l'exagération de sa modestie ; toujours,
en effet, il garda de Caudebec un souvenir bien-
veillant ; mais il ne fit que grandir en présence des
devoirs de sa nouvelle position.

L'autorité ecclésiastique, en appelant M. Poulain
à la cure de Saint-Jean d'Elbeuf, *n'entendait pas
lui faire un cadeau,* comme le lui dit un de ses su-
périeurs ; mais on peut bien dire qu'elle en fit un à
la paroisse en lui donnant M. Poulain pour curé.
Une population de plus de douze mille âmes, ap-
pelée à croître avec les développements de l'indus-
trie, n'avait, dans notre premier centre manufac-
turier, qu'une église tout à fait insuffisante, et trois
ou quatre prêtres pour la desservir. M. Poulain ne
se laissa point décourager par un travail qui semblait devoir être à la fois excessif et impuissant.
Il tâcha tout d'abord de faire le possible, et même
plus, pour suppléer par l'activité au défaut d'espace
et de personnel. Ceux qui l'ont vu à l'œuvre pendant dix ans peuvent seuls comprendre quel a été
ce ministère : tous les jours, dix heures environ
passées à l'église ; les dimanches, deux heures de
répit depuis le matin jusqu'au soir, et la parole de
Dieu annoncée souvent jusqu'à quatre fois sous des
formes diverses : telle fut la vie constante de
M. Poulain, sans que rien vînt ralentir son activité,
amoindrir son énergie. Ses sorties étaient ordinairement de quelques heures par quinzaine, et,
chaque année, il prenait à peu près huit jours de
repos. Il y avait lieu d'être surpris que dans l'âge
mûr, et sans y avoir été préparé de bonne heure,
il pût supporter de telles fatigues avec une constitution en apparence frêle et délicate ; lui-même

disait parfois en riant qu'il lui avait fallu venir à
Elbeuf pour connaître toutes ses forces ; il était
soutenu en outre par le sentiment du devoir qui
rend une âme sacerdotale, aussi bien que l'âme
guerrière, *maîtresse du corps qu'elle anime* (1).

Il faut ajouter que M. Poulain (et ce fut peut-
être sa plus douce jouissance ici-bas) trouva dans
ses vicaires des coopérateurs intelligents et infati-
gables. Tous devinrent promptement et restèrent
toujours ses amis, et c'était un spectacle touchant
que de voir ces cinq prêtres n'en faisant qu'un, en
qui l'affection rendait inutiles les garanties hiérar-
chiques, et dont elle fécondait les efforts par la
communauté de vues et de sentiments.

En dehors des travaux qui incombaient à tous
les prêtres de la paroisse, M. Poulain s'en était
réservé quelques-uns en particulier ; ainsi, chaque
mois, il faisait une conférence à des jeunes filles
adultes qui se réunissaient, au nombre de deux
cents, dans la maison des sœurs d'Ernemont.
Mais, pasteur zélé, pensant toujours à ceux qu'il
ne pouvait atteindre, il institua une œuvre beaucoup plus importante et difficile : une réunion
d'hommes, en faveur de la jeunesse et de la nombreuse population ouvrière de la paroisse. Ces
réunions, tenues dans les vastes salles de
l'école des Frères, avaient, par le caractère moins
religieux du local, un attrait de plus pour beaucoup
d'hommes, et permettaient plus de liberté d'ex-
pansion à l'orateur. Le curé de Saint-Jean se char-
gea seul de l'œuvre nouvelle ; pendant 8 mois de
l'année, il tint, les dimanches, des conférences
populaires, dans lesquelles il traita successivement
de toute la partie dogmatique de la religion : ces

____

(1) Bossuet.

réunions, entremêlées de chants exécutés par les assistants eux-mêmes, terminées par une petite loterie, et chaque année couronnées par une loterie générale, attirèrent un concours de huit à douze cents hommes. On a dit que le résultat de ces réunions avait été à peu près nul. Oui, si l'on ne considère que le côté immédiat ; mais d'abord, ce n'était pas peu de chose, même au point de vue pratique, que tant d'hommes préservés, chaque dimanche, des occasions si fréquentes de débauches et d'intempérance. En outre, ces hommes retrouvaient là les germes de foi jetés dans leurs âmes à l'époque de l'enfance, et acquéraient de nouveau l'intelligence et le respect des vérités capitales oblitérées dans leur esprit ; enfin, il y avait là un précédent qui faisait mieux accueillir au lit de mort celui qu'on venait volontiers écouter pendant la vie. Ajoutons que ces loteries, qui sans doute étaient pour beaucoup l'attrait spécial, firent entrer dans les maisons ouvrières une foule de pieuses images, dont la présence était un enseignement nouveau au foyer domestique, et même un préservatif contre l'invasion des images obscènes, qu'un sentiment de pudeur n'aurait pas permis d'accoupler à des objets révérés.

Cette œuvre, où le curé de Saint-Jean dépensait si énergiquement ses forces, était aussi fort lourde pour sa bourse ; car il supportait la majeure partie des dépenses occasionnées par ces loteries ; aussi lui fit-on observer que ces réunions ne pourraient probablement pas se soutenir après lui ; mais il répondit que la prévision d'un avenir qui ne le regardait pas ne devait pas le détourner d'un bien possible dans le présent.

Nous devons mentionner ici les témoignages particuliers d'estime et de confiance que l'autorité ecclésiastique donna à M. Poulain, pendant l'exercice de son ministère pastoral à Elbeuf. Au concile provincial de Rouen tenu en 1850, il fut un des trois curés désignés comme témoins synodaux pour le diocèse ; en 1853 il fut créé chanoine honoraire de l'église métropolitaine.

On sait que Mgr Blanquart de Bailleul, dans les dernières années de son laborieux et trop court épiscopat, s'était occupé de la question liturgique, et avait sondé l'état des esprits avant de publier l'acte qui rétablissait en principe la liturgie romaine. M. Poulain, par sa position et son caractère personnel, fut naturellement du nombre de ceux que le vénérable prélat consulta sur cette grave affaire. Or, à cette même époque, le curé de Saint-Jean était lui-même préoccupé par des tentatives de propagande protestante dans sa paroisse. Cette agitation, venue du dehors, fut factice et éphémère, comme les causes qui l'avaient produite ; toutefois elle occasionna à M. Poulain, pendant quelque temps, des soucis assez vifs ; car il était dans sa nature de ne pas prendre ces choses froidement. Quand le pieux archevêque voulut donc connaître la pensée du doyen d'Elbeuf, il fut peut-être surpris de l'entendre se prononcer nettement pour l'affirmative, et ne put s'empêcher de lui demander si cette mesure ne lui inspirerait pas quelques inquiétudes pour sa propre paroisse. « Non, Monseigneur, dit résolûment M. Poulain ; car tout ce qui rapproche de Rome éloigne de l'hérésie. » Cette réponse nous paraît assez belle et assez peu connue pour être mentionnée ici. Elle atteste la foi profonde et le sens vraiment catholique du prêtre qui la prononça ; le pontife à l'âme si droite, aux sentiments si délicats, était, de son côté, digne d'entendre cette parole et capable de l'apprécier.

L'activité du ministère dans une population exubérante ne servait qu'à faire mieux sentir au pasteur tout ce qu'il ne pouvait pas faire, et il se plaignait souvent, non de ses travaux, mais de leur insuffisance. De telles réflexions, dans cet esprit essentiellement pratique, devaient se traduire en projets et en actes ; c'est ainsi que M. Poulain conçut, mûrit longuement, et prépara l'œuvre la plus importante de sa vie pastorale : la création d'une nouvelle paroisse et d'une église sur le territoire démembré de la paroisse de Saint-Jean.

Plus les œuvres sont nécessaires, plus elles sont ordinairement difficiles ; on comprendra, mieux que nous ne pourrions le dire, l'initiative hardie et généreuse du curé de Saint-Jean dans cette affaire, les ressources d'intelligence et de caractère qu'il dut développer pour mener la chose à bonne fin. La Providence semblait avoir placé près de lui un encouragement et un exemple : comme doyen, M. Poulain avait chaudement favorisé la séparation d'une section de Caudebec-lès-Elbeuf, laquelle forme depuis 1854 l'importante paroisse de Saint-Pierre-lès-Elbeuf ; maintenant, c'était pour son compte, et directement, qu'il devait procurer l'établissement nouveau. En 1856 un pâté de vieilles maisons fut acheté au prix de 50,000 fr. pour servir d'emplacement à la future église. C'était, par une démarche décisive, se jeter au cœur même de la difficulté ; la Providence vint ensuite à l'aide ; le conseil municipal d'Elbeuf, avec une largeur d'idées et une entente qui l'honorèrent, vota en 1857 200,000 fr. pour la construction d'une église, sur le terrain offert par M. le curé de Saint-Jean, lequel devait procurer en outre 100,000 fr. de souscriptions particulières, pour être affectés à la même destination. En moins de deux mois, cette dernière clause était remplie par le curé, assisté dans cette opération par les membres du comité formé à cet effet.

C'est ainsi qu'Elbeuf a été doté de cette église de l'*Immaculée* (comme on dit par une abréviation devenue déjà populaire), de cette église dédiée la première à l'Immaculée Conception parmi les églises paroissiales du diocèse, et qui, bien qu'inachevée, est le plus beau monument de la ville. Mais c'est surtout au point de vue religieux qu'il faut apprécier l'importance de cet établissement. La nouvelle paroisse, érigée en 1862, à peu près aussi peuplée que les deux autres, est déjà un foyer de vie chrétienne qui n'a diminué en rien la sève et l'activité religieuses de la paroisse-mère. C'est donc une véritable augmentation dans l'ordre spirituel, et non un simple déplacement du bien ; or, les résultats consolants du présent, les espérances plus grandes encore de l'avenir, tout cela, nous pouvons le dire, est dû au passage d'un homme de cœur et de foi, qui n'a même pas eu la joie ordinairement réservée aux fondateurs, celle d'achever son œuvre.

Il semble, en effet, que partout M. Poulain ait dû semer, sans moissonner jamais ici-bas. Quand il vit poser la première pierre de cette église tant désirée, il n'était plus curé de Saint-Jean d'Elbeuf. Mgr de Bonnechose, par un des premiers actes de son administration, l'avait nommé à l'importante et honorable cure de Saint-Jacques de Dieppe, et le nouveau titulaire avait été installé au commencement de 1859. Les regrets des paroissiens de Saint-Jean révélèrent au digne curé des sympathies auxquelles il ne s'attendait pas, comme il l'avouait lui-même avec la naïveté des âmes modestes qui ne croient jamais à leur propre mérite.

M. Poulain, âgé de cinquante-huit ans, promettait encore à l'Église de longs et utiles labeurs, dans son nouveau poste ; et cependant on peut dire que son départ d'Elbeuf mit fin à sa carrière de curé. Il avait souvent manifesté le désir de se retirer à soixante-cinq ans. « Il ne faut pas, disait-il, attendre l'âge où l'on n'est plus capable ni de remplir son poste, ni d'en sortir. » La Providence permit, par le concours de diverses circonstances, que M. Poulain avançât encore la date qu'il s'était si souvent fixée à lui-même ; en 1863, il résignait la cure de Saint-Jacques, et acceptait un canonicat titulaire à l'église métropolitaine.

Nous avons parcouru, dans ses diverses phases, la vie publique de M. Poulain. Nous voudrions pouvoir également faire apprécier en lui l'homme et le prêtre ; mais, outre que le temps et l'espace nous font défaut, nous n'ignorons pas la difficulté qu'il y a, du moins pour une plume vulgaire, à mettre un caractère en relief par un choix heureux de détails intimes, et à présenter un tableau dont la sobre plénitude revête de la couleur et de la vie. Il y a d'ailleurs des existences qui échappent à l'analyse ; telle fut en particulier celle de M. Poulain ; existence peu saillante, mais pleine, bien ordonnée, se développant vers un but unique, avec une activité calme et féconde. M. Poulain fut un curé dans l'acception la plus complète du mot ; en lui les qualités naturelles se combinèrent heureusement avec l'esprit chrétien et sacerdotal pour réaliser ce type. Esprit juste, net, il voyait tout d'abord le côté pratique des choses ; caractère ferme et loyal, âme droite et élevée, il put quelquefois être taxé de raideur, pour avoir manifesté promptement et vertement sa pensée sur ce qui lui paraissait blesser le devoir, le droit ou la délicatesse ; mais dans le cours de sa longue administration, et au milieu des affaires importantes qu'il dirigea, il fit incontestablement preuve d'un tact et d'une mesure qui dénotaient l'homme fait pour le gouvernement. Tous ceux qui ont eu quelque rapport avec lui ont pu apprécier sa simplicité de bon ton, ses manières affables et courtoises, fruit d'une bonne éducation première et du milieu dans lequel il avait vécu ; ceux à qui il a été donné de le connaître davantage, surtout parmi ses confrères, savent seuls combien son cœur était bon et aimant, quelle rondeur affectueuse, quelle liberté d'épanchement on trouvait dans son commerce intime.

Nous avons parlé de l'esprit chrétien et sacerdotal ; toute la vie de M. Poulain en a porté la forte et durable empreinte ; il savait allier la régularité des pratiques pieuses avec l'activité infatigable du ministère. Tous les jours, à six heures du matin, il avait fait sa méditation avant de se rendre à l'église ; il y avait vingt-deux ans qu'il était prêtre, quand il lui arriva de ne pouvoir dire matines avant sa messe, à cause des confessions nombreuses qui l'avaient retenu la veille et le matin d'une fête. Il remplissait avec autant de soin que d'édification toutes les fonctions ecclésiastiques ; ceux qui l'ont vu officier peuvent se souvenir combien il était précis et aisé dans l'accomplissement des rubriques, digne dans son maintien, malgré sa taille peu élevée, et quel air de piété respirait dans tout son extérieur. Simple et correct dans sa personne et ses habitudes domestiques, il n'augmenta pas son mobilier héréditaire d'un seul objet qui sentît le luxe moderne : il s'enrichit pourtant à Elbeuf d'une assez belle pendule et d'une table de salon, mais c'étaient deux cadeaux ; le second de ces meubles lui fut offert par les dames de charité, sur la demande secrète de sa fidèle domestique ; celle-ci n'avait pu obtenir que le curé de Saint-Jean dotât de ce complément la principale pièce de sa maison, et elle avait la tâche, moins lourde peut-être à ses épaules qu'à son amour-propre, de descendre d'une chambre à coucher une table assez chétive, pour servir dans certaines réunions. Cette sévère économie prenait sa source, d'une part, dans l'esprit de simplicité, de l'autre, dans l'esprit de générosité qui animait M. Poulain. Possesseur d'une certaine fortune patrimoniale, et successivement curé d'importantes paroisses, il n'avait plus qu'un fort petit revenu, quand il sortit du ministère : c'était tout ce qui avait échappé à ses libéralités pendant trente-neuf ans de vie sacerdotale.

A ce désintéressement se joignit dans M. Poulain une vertu plus rare et plus haute, l'abnégation personnelle. Les sacrifices d'argent ne coûtent qu'aux âmes vulgaires; il en est d'autres pénibles même pour des âmes bien situées : ce sont les sacrifices de dignité, de goûts, d'aptitudes, de la part de celui qui est dans l'indépendance d'une haute position et dans la plénitude de son énergie. De tels sacrifices décèlent une âme d'élite, qui a bien compris le dernier mot de la doctrine évangélique : le renoncement à soi-même. M. Poulain, en démembrant sa paroisse de Saint-Jean, avait montré que la gloire de Dieu et le bien des âmes étaient son unique souci; il le montra peut-être encore mieux en rentrant dans la vie privée. Quoiqu'il eût conquis le droit au repos, le canonicat n'aurait pas été pour lui une dignité sans labeurs, et tandis que le choix de Son Éminence le faisait grand pénitencier du diocèse, il aurait vu s'étendre dans Rouen son ministère sacerdotal. Le Père de famille. dont il avait cultivé la vigne, trouva ce vaillant ouvrier mûr pour la récompense avant la douzième heure. Le 23 décembre 1864, quand rien dans la constitution sèche et nerveuse de M. Poulain ne faisait prévoir un tel accident, il fut trouvé, le matin, dans son lit, frappé d'une attaque de paralysie. Le coup avait porté au cerveau, et ne laissait pas d'espoir ; pendant trois semaines, le malade resta dans un assoupissement profond, entremêlé d'un délire calme qui reflétait encore les pensées pieuses du prêtre : le 12 janvier 1865, à 10 heures du matin, M. Poulain rendait son âme à Dieu. Le corps fut exposé jusqu'au soir du lendemain avec le cérémonial accoutumé, et visité par d'assez nombreux fidèles, bien que la modeste demeure du défunt placée au fond d'une allée obscure se dérobât aux regards. Les traits du saint prêtre (que la photographie n'a pas heureusement reproduits) avaient conservé leur pureté et leur finesse, et un membre du vénérable chapitre nous dit en sortant : « C'est le plus beau mort que j'aie vu. »

Le 14, les obsèques de M. Poulain furent célébrées à l'église métropolitaine, devant une nombreuse assistance : le deuil était conduit par les deux frères du défunt, accompagnés de divers membres des familles distinguées dont M. Poulain était le parent ou l'allié. Après l'absoute, le corps fut dirigé, non vers l'un des cimetières de la ville, mais sur Elbeuf ; plusieurs assistants apprirent alors que la paroisse de l'Immaculée-Conception avait réclamé la dépouille mortelle de celui à qui elle devait son existence. Le 16, de nouvelles funérailles furent célébrées, et la tombe du pasteur est confiée désormais au souvenir de son ancien troupeau.

Le prêtre modeste qui a *travaillé* partout et qui partout a laissé les *autres entrer dans les fruits de ses labeurs,* a reçu ainsi dans la mort un hommage qui est pour nous comme l'indice de récompenses bien autrement magnifiques et durables. Le Sage a dit de la femme forte : *Aux portes de la ville, ses œuvres seront sa louange.* De même, aux portes des villes dont M. Poulain fut le pasteur, il y aura aussi des œuvres qui feront éloquemment son panégyrique. Mais c'est surtout aux portes éternelles ouvertes pour le recevoir qu'il a pu goûter enfin le fruit de ses travaux, et qu'il est heureux d'un bonheur sans mélange. *Labores manuum tuarum quia manducabis : beatus es, et benè tibi erit.*

Ces réflexions nous consolent dans nos tristesses et nous relèvent dans nos défaillances ; en rendant un faible hommage à cette mémoire chère et vénérée, nous avions besoin de clore par une pensée d'espérance cette liste funèbre sur laquelle nous venions d'inscrire un nom de plus. Dans ces dernières années, nous avons vu disparaître *les forts d'Israël*, dont la maturité vigoureuse nous promettait longtemps encore un appui et un exemple ; et nous, faibles héritiers de ces hommes aux mâles vertus, nous ne pouvons guère, devant leur tombe, que nous écrier plus amèrement que le Prophète : « Mon Père, mon Père, vous, le char d'Israël et son conducteur ! » *Pater mî, Pater mî, currus Israel et auriga ejus !*

L'abbé DELALONDE.

ROUEN. — IMP. MÉGARD ET Cie.

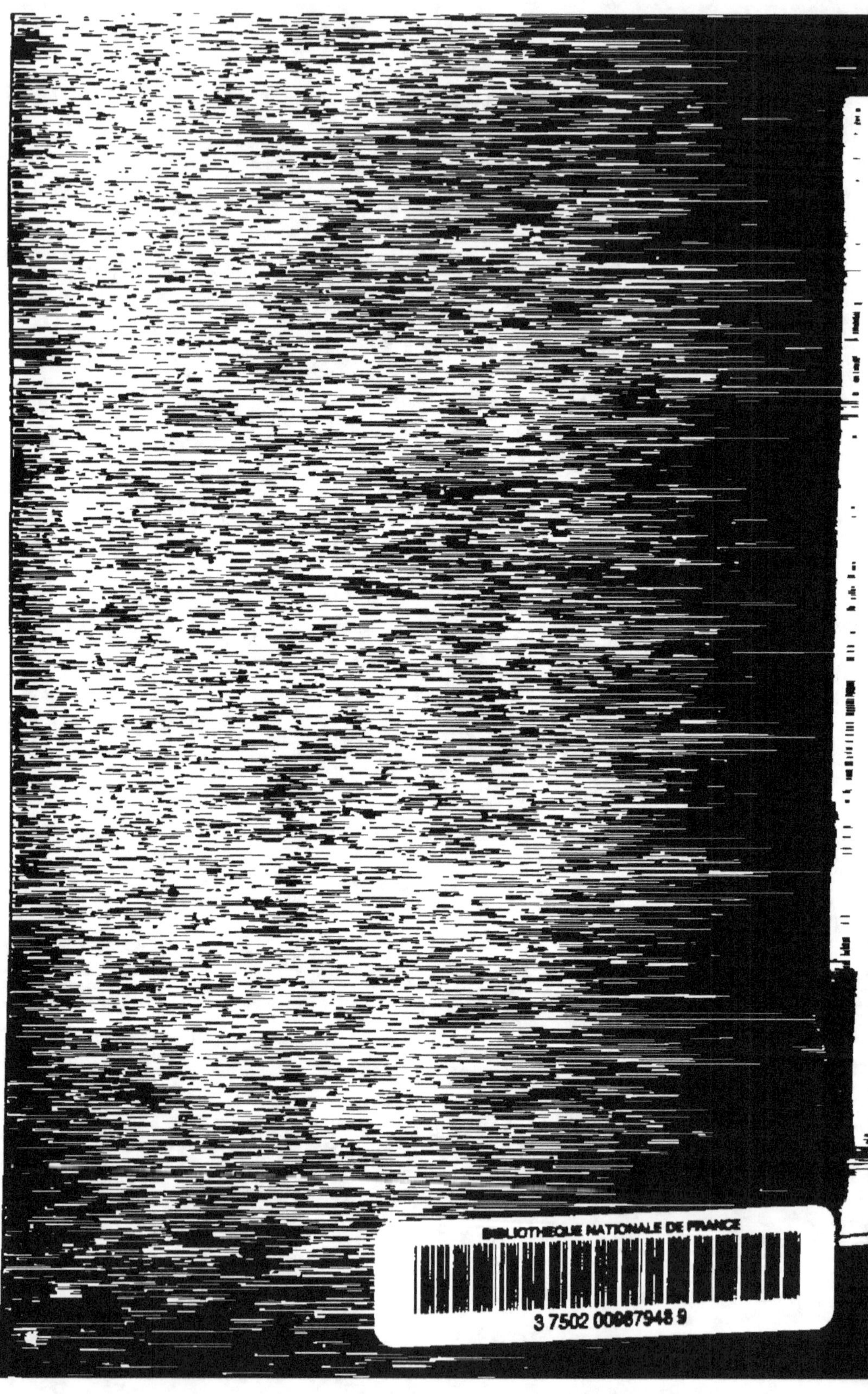